さっと！つるっと！

暑さに負けない！
厳選 **80** 麺

夏麺

重信初江

NATSU-MEN

池田書店

はじめに

暑い夏、皆さんは昼ごはん、どうしていますか??
私は料理家という肩書きではありますが、とっても面倒。
食欲も湧かず、のども何となくスッキリとは通らないこの時期、やっぱり頼りになるのは麺料理。
昔はそうめんとめんつゆだけで昼ごはんを済ませることも多かったけれど、やっぱり少しはタンパク質や野菜も摂りたいもの。でも何かと忙しい毎日、調理の手間はかけたくないし、そもそも夏の台所は暑いからあまり長くはいたくない……! そんな思いからこの本は生まれました。

とにかくせっかちな私が長年つくり続けてきた、選りすぐりの麺料理の数々、食べるだけで旅行気分になれる世界の麺料理のアレンジなど、手軽にパパッとできるものを中心に、全80品をこの一冊にまとめました。
この季節ならではの旬の野菜もたっぷり使っているので、ぜひ食卓でも夏を堪能してみてくださいね。

皆さんのランチタイムが、楽しくておいしい時間になりますように!

重信初江

目次

二の麺
そうめん
…… 43

麺 の 基本

麺の 種類と分量

本書で使用している
麺の種類と1人前の分量を紹介します。
ですが、冷凍ではなく乾麺、乾麺の代わりに生麺など、
ご自宅にあるものや好みの麺を使っても大丈夫！
自分なりの夏麺ライフを楽しみましょう。

本書で使用している

冷凍うどん

湯を沸かさなくても調理できる便利な冷凍うどん。
レシピ内に調理方法の記述がないものは、袋の
表示に従って電子レンジで加熱を。

~本書では~
太め・細めにかかわらず、
1玉を1人前として使用

そうめん

ゆで時間が短く、つるっとし
たのどごしのそうめんは、夏
麺の代表格とも言える麺。

~本書では~
乾麺2束（100g）を
1人前として使用

そば

「二八（八割）」や「十割」など、
そば粉と小麦粉の割合で風味
や食感が変わるそば。

~本書では~
乾麺100gを
1人前として使用

中華麺

ラーメンなどに使われる生麺と、焼きそばなどに使われる蒸し麺がある。

~本書では~
**生麺・蒸し麺にかかわらず、
1玉を1人前として使用**

スパゲッティー

断面の太さで名称が変わるスパゲッティー。

~本書では~
**太さ1.6mmの
スパゲッティーニ（乾麺）100gを
1人前として使用**

インスタント麺

保存もできて、湯さえ沸かせばOKの便利な袋入りラーメン。

~本書では~
1袋を1人前として使用

はるさめ

イモ類または、緑豆のでんぷんを原料とする透明な麺。

~本書では~
**緑豆はるさめ50gを
1人前として使用**

フォー

米粉を使ったベトナムの平たい麺。

~本書では~
**乾麺100gを
1人前として使用**

ビーフン

米粉を主な原料としている細い麺。

~本書では~
**台湾の
新竹米粉（ビーフン）60gを
1人前として使用**

鍋にたっぷりの
湯を沸かし、麺を入れる。

START!

麺を
おいしく

ゆでるコツ

ここでは、そうめんを例に、
うどん、そうめん、そば、中華麺、スパゲッティーを
おいしくゆでる方法と、締め方のコツを
紹介します。

スパゲッティーの場合は、
水1ℓに対して塩小さじ1を目安に入れる！

時々菜箸でかき混ぜながら、
袋に表示されている時間通りにゆでる。
時間になったら麺をザルにあげる。

水で締める必要のない場合は
このまま水気をきって！

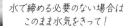

10

本書の使い方

本書のレシピは、
記載がないものについては
すべて1人前です。

各章のレシピページでは、
その料理に合う麺の種類を
丸で囲んで表示しています。

各麺の1人前の分量は、
P8-9に記載しています。

めんつゆは
3倍濃縮タイプを原液のまま、
鶏ガラスープの素は顆粒タイプを
使用しています。

本書では、
600Wの電子レンジを
使用しています。

レシピに記述がない場合、
火加減は基本的に
中火です。

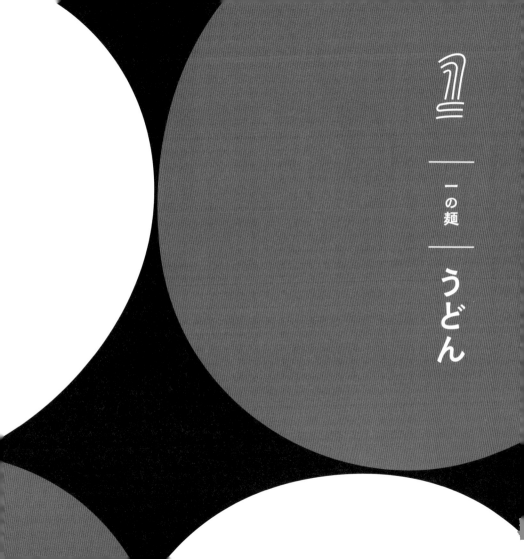

1

一の麺

うどん

特製マヨだれで!
豚しゃぶサラダうどん

うどん / そうめん / そば / 中華麺 / パスタ

サニーレタス	1枚
赤パプリカ	¼個
コーン(缶)	40g
Ⓐ マヨネーズ	大さじ2
めんつゆ	大さじ1
粒マスタード、みそ	各小さじ1
豚しゃぶしゃぶ用肉(ロース)	80g
冷凍うどん	1人前

1 レタスは食べやすい大きさにちぎり、パプリカは1cm角に切る。コーンは汁気をきっておく。

2 Ⓐを混ぜ合わせてたれをつくる。

3 うどん用の湯を沸かす。沸騰したらごく弱火にし、豚肉を1枚ずつ広げて白くなるまでゆでる。ザルにあげ、粗熱がとれたら2つにちぎる。

4 ③の湯でうどんをゆでる。ほぐれたら流水で締めて、器に盛る。

5 ①の野菜と豚肉を盛り、たれをかける。

14

POINT
うどんは
温かいままでもOK!

常備缶を使って
さばトマうどん

うどん　そうめん　そば　中華麺　パスタ

オリーブ油	小さじ1
Ⓐ みそ	小さじ1
おろしにんにく、豆板醤	各小さじ⅓
さば水煮缶	½缶（100g）
カットトマト缶	½缶（200g）
冷凍うどん	1人前

1 フライパンにオリーブ油を熱し、Ⓐを加えて軽く炒める。さば水煮を汁ごと、カットトマトも入れて2分ほど煮る。

2 加熱したうどんを流水で締め、器に盛って[1]をかける。

16

バジルさわやか

トマトと豚肉の
つけうどん

うどん　そうめん　そば　中華麺　パスタ

オリーブ油	小さじ1
豚こま切れ肉	80g
プチトマト	6個
Ⓐ めんつゆ	大さじ3
水	¾カップ
バジル（生）	5〜6枚
冷凍うどん（細めがオススメ）	1人前

1 フライパンにオリーブ油を熱して豚肉を入れ、
　中火で2分ほど炒める。
2 ①に横半分に切ったプチトマトを加えてⒶを
　注ぎ、煮立ったらバジルをちぎって入れる。
3 加熱して流水で締めたうどんを別皿に盛り、
　②のつけ汁でいただく。

17

POINT

納豆の粒のサイズは
お好みで

わさびが決め手！
アボカド納豆
うどん

うどん ・ そうめん ・ そば ・ 中華麺 ・ パスタ

アボカド	½個
納豆	1パック
冷凍うどん	1人前
練りわさび	小さじ½
ポン酢	大さじ½

1 アボカドは2cm角に切り、納豆は添付のたれ
を加えて混ぜる。

2 加熱したうどんを流水で締め、器に盛る。

3 ②の上にアボカド、納豆を盛り、わさびをのせ
てポン酢をかける。

ピリッとさっぱり!

なめたけとツナの おろしうどん

大根	200g
なめたけ	大さじ2
ツナ缶(小)	1缶(70g)
ゆずこしょう	小さじ⅓
冷凍うどん	1人前
貝割れ菜	¼パック
Ⓐ めんつゆ	大さじ2
水	½カップ

1 皮をむいてすりおろしザルにあげた大根、な めたけ、油をきったツナ、ゆずこしょうをあえる。

2 加熱したうどんを流水で締め、器に盛る。

3 ②の上に①を盛り、半分の長さに切った貝割 れ菜を散らして混ぜ合わせたⒶをかける。

19

冷凍から揚げでお手軽!
油淋鶏うどん

うどん　そうめん　そば　中華麺　パスタ

レモンの輪切り	2枚
青じそ	5枚
Ⓐ 酢、しょうゆ、水	各大さじ½
ごま油、砂糖	各小さじ1
サニーレタス	½枚
冷凍から揚げ	4個
冷凍うどん	1人前

1 レモン、青じそは粗めのみじん切りにしてⒶと混ぜ合わせておく。

2 レタスは食べやすい大きさにちぎり、から揚げは袋の表示に従って加熱する。

3 加熱して流水で締めたうどんの上にレタスとから揚げを盛りつけ、1のたれをかける。

油揚げサクサク!
豆乳ぶっかけ うどん

油揚げ	1枚
レタス	½枚
みょうが	1個
冷凍うどん	1人前
Ⓐ めんつゆ	大さじ2
豆乳(成分無調整)	½カップ

1 油揚げは焼き網かトースターで焼き色がつくまで焼き、レタスと一緒にひと口大にちぎる。みょうがは縦半分に切って薄切りに。

2 加熱して流水で締めたうどんを器に盛る。

3 ②の上に①を盛りつけ、混ぜ合わせたⒶを注ぐ。

混ぜるだけで本格派！

合わせだれ**5**選

麺の味を決定づけるたれ。
ここでは、簡単なのにおいしいとっておきの合わせだれを5種類紹介します。

※材料の表記はつくりやすい分量です。

冷やし中華だれ2種

\ やっぱり！ /
しょうゆだれ

このたれを使ったレシピ➡P42,84

Ⓐ	鶏ガラスープの素	大さじ½
	熱湯	大さじ2
しょうゆ		大さじ3
酢		大さじ2
ごま油		大さじ1
砂糖		大さじ½
おろししょうが		小さじ1

冷蔵庫で
1週間
保存可能

❶Ⓐを溶かし、残りの材料を加えてよく混ぜる。

\ 濃厚！ /
練りごまだれ

このたれを使ったレシピ➡P86

Ⓐ	鶏ガラスープの素	大さじ½
	熱湯	大さじ3
白練りごま		大さじ4
しょうゆ		大さじ1と½
酢		大さじ1
砂糖		小さじ1
豆板醤、おろしにんにく		各小さじ½

冷蔵庫で
1週間
保存可能

❶Ⓐを溶かし、残りの材料を加えてよく混ぜる。

梅みそオリーブ油だれ

酸味がクセになる！

このたれを使ったレシピ→P55

梅干し	2個
みそ	大さじ2
Ⓐ オリーブ油、水	各大さじ2

冷蔵庫で**2週間**保存可能

1 梅干しは種を除いて包丁で粗くたたいておく。
2 ①とみそを混ぜ、Ⓐを加えてさらに混ぜる。

チョジャン

韓国の旨辛酢みそだれ

このたれを使ったレシピ→P52

コチュジャン	大さじ4
酢	大さじ3
砂糖、しょうゆ	各大さじ1
おろしにんにく	小さじ1

冷蔵庫で**1ヶ月**保存可能

1 すべての材料をボウルに入れてよく混ぜる。

レそベーゼ

旬の青じそで！

このたれを使ったレシピ→P104

青じそ	20枚
くるみ（皮なし・無塩）	30g
にんにく	1片
Ⓐ オリーブ油	大さじ4
塩	小さじ½
こしょう	少々

冷蔵庫で**4〜5日**保存可能

1 青じそはざく切りに。くるみ、にんにくはざっと刻む。
2 フードプロセッサーに①とⒶを入れ、なめらかになるまで撹拌する。

夏もやっぱり！
めんたい釜玉うどん

うどん　そうめん　そば　中華麺　パスタ

明太子	15g
貝割れ菜	適量
冷凍うどん	1人前
卵黄	1個分
めんつゆ	大さじ½

1 明太子は5mm幅に切る。貝割れ菜は根元を切る。

2 湯を沸かしてうどんをゆで、ゆであげを器に盛る。

3 **2**に**1**と卵黄をのせ、めんつゆをかけ、よく混ぜていただく。

味つけはバターと塩昆布だけ！

生ピーマン
温玉のつけうどん

うどん　そうめん　そば　中華麺　パスタ

ピーマン	1個
冷凍うどん	1人前
塩昆布	ひとつまみ
温泉卵	1個
バター	10g

1 ピーマンは縦半分に切って種を除き、薄切りにする。

2 湯を沸かしてうどんをゆで、ザルにあげる。

3 器に盛ったうどんの上にピーマンと塩昆布、温泉卵、バターをのせて、よく混ぜていただく。

がっつり!
しょうが焼きうどん

うどん / そうめん / そば / 中華麺 / パスタ

キャベツ	小½枚
にんじん	10g
豚しょうが焼き用肉	80g
冷凍うどん	1人前
めんつゆ	大さじ½
サラダ油	小さじ1
Ⓐ しょうゆ、酒、砂糖	各大さじ1
おろししょうが	大さじ½

1 キャベツとにんじんはせん切りに。豚肉は3等分に切る。

2 加熱したうどんを流水で締めて器に盛り、上に1の野菜を混ぜたものをのせ、めんつゆを回しかけておく。

3 フライパンにサラダ油を熱して豚肉を並べ、強めの中火で片面1分ずつ焼き、混ぜ合わせたⒶを加え絡める。汁ごと2の上に盛りつける。

うどん 一の鍋

ごま油をジュッ!と
スタミナにらうどん

(うどん)(そうめん) そば (中華麺) パスタ

うどん 一の麺

にら	½束
冷凍うどん（細めがオススメ）	1人前
Ⓐ しょうゆ	大さじ1
砂糖	小さじ½
ごま油	大さじ1と½

1 にらは細かい小口切りにする。

2 ゆでたうどんをザルにあげ、器に盛る。上に
[1]を広げ、Ⓐを混ぜて回しかける。

3 フライパンでごま油を熱し、煙が出てきたら
[2]にかける。よく混ぜていただく。

28

包丁いらず!

ツナキムチ焼きうどん

冷凍うどん	1人前
ごま油	大さじ½
白菜キムチ	80g
ツナ缶(小)	1缶(70g)
Ⓐ しょうゆ	小さじ½
こしょう	少々
焼きのり	適量

1 うどんは電子レンジなどで、ほぐれるぐらいまで2分ほど加熱する。

2 フライパンにごま油を熱してキムチを入れ、1分ほど中火で炒める。軽く油をきったツナ、うどん、Ⓐを加え、強めの中火で炒め合わせる。仕上げにお好みで焼きのりをちぎってのせる。

青じそ香る

バターしょうゆ
焼きうどん

（うどん）（そうめん）　そば　中華麺　（パスタ）

冷凍うどん	1人前
鶏むね肉	½枚（100g）
塩、こしょう	各少々
えのきたけ	小½束
青じそ	5枚
サラダ油	大さじ½

Ⓐ バター — 10g
しょうゆ — 大さじ½
こしょう — 少々

1 うどんは電子レンジなどで、ほぐれるぐらいまで2分ほど加熱する。

2 鶏むね肉は太めの棒状に切り、塩、こしょうをもみ込んで下味をつける。えのきたけは3〜4cmの長さに、青じそは6等分に切る。

3 フライパンにサラダ油を熱して鶏むね肉を入れ、中火で2〜3分炒める。

4 ③が色づいてきたら、えのきたけ、うどんを加えてさらに2分ほど炒め、Ⓐで味を調える。最後に青じそを加えてひと混ぜする。

うどん
一の麺

炒めきゅうりがさわやか！

ナンプラー風味の焼きうどん

（うどん）（そうめん）（そば）（中華麺）（パスタ）

きゅうり	1本
冷凍うどん	1人前
サラダ油	大さじ½
豚ひき肉	100g
Ⓐ 酒、ナンプラー	各大さじ1
おろしにんにく、塩	各小さじ⅓
こしょう	少々

1 きゅうりは両端を切り落として肉たたきなどの道具を使ってヒビが入るまでたたき、長さ4等分の棒状に切る。うどんは電子レンジなどで、ほぐれるまで2分ほど加熱しておく。

2 フライパンにサラダ油を熱して豚肉を入れ、中火で2〜3分炒める。少し焼き色がついたら**1**を加えて強めの中火で1分、Ⓐを加えてさらに1分炒める。

32

シルクロードの定番麺
ラグマン風豚肉うどん

玉ねぎ	¼個
キャベツ	½枚
トマト	½個
冷凍うどん（細めがオススメ）	1人前
サラダ油	大さじ½
豚こま切れ肉	80g
Ⓐ 酒、水	各大さじ2
塩	小さじ⅓
こしょう	少々

1. 玉ねぎは2～3mm幅の薄切りに。キャベツ、トマトは2cm角に切る。

2. うどんはゆでてザルにあげ、器に盛る。

3. フライパンにサラダ油を熱して豚肉と玉ねぎを入れ、強めの中火でほぐしながら1～2分炒める。色づいてきたらキャベツとトマトを加えて炒め合わせ、Ⓐで味を調える。

4. トマトが崩れてくるまでさらに2～3分炒め、2の上にかける。

うどん
一の類

暑いからこそ！
激辛カレーうどん

○ うどん ○ そうめん ○ そば ○ 中華麺 ○ パスタ

玉ねぎ	¼個
赤パプリカ	¼個
Ⓐ めんつゆ	大さじ3
水	2カップ
豚こま切れ肉	100g
カレールー（辛口）	30g
冷凍うどん	1人前
ラー油（具入り）※	大さじ1

※手づくりする場合は、P46-47を参照。

1 玉ねぎは1cm幅に、パプリカは5mm幅に切る。

2 鍋にⒶを入れて煮立て、豚肉と①を加える。再び沸騰したら弱火にし、アクを取りながら1分ほど煮る。

3 一旦火を止めてカレールーを溶かし入れ、再び火をつけて煮立てる。

4 ③にうどんを入れ、麺がほぐれるまで3〜4分煮る。器に盛り、ラー油をかける。

POINT
具なしのラー油を使う場合は、
小さじ1程度を目安に

やさしい味の韓国風うどん

あさりと
ズッキーニの
カルグクス

Ⓐ	だし汁	2カップ
	ナンプラー	小さじ1
	こしょう	少々
あさり（砂抜き済み）		150g
冷凍うどん		1人前
ズッキーニ		⅓本
長ねぎ		⅙本

１ 鍋にⒶとあさりを入れて火にかけ、煮立ったら
うどんを加える。

２ 麺がほぐれたら5mm幅の輪切りにしたズッキー
ニを加えて1分ほど煮て、小口切りにした長ね
ぎを加え、30秒ほどたったら火を止める。

POINT

オススメは煮干しだし。
お好みで他のだしを使っても

コーンスープの素で!

冷製ポタージュ
うどん

うどん / そうめん / そば / 中華麺 / パスタ

冷凍うどん	1人前
Ⓐ コーンスープの素	1袋
熱湯	大さじ3
牛乳	120cc
ハム	2枚
粗びき黒こしょう	少々

1 加熱したうどんを流水で締めて、器に盛る。

2 混ぜ合わせたⒶに牛乳を少しずつ加えて混ぜ、1にかける。

3 2に放射状に切ったハムをのせ、こしょうをふる。

\教えて！/

いよ

夏信さん家の定番夏麺

ここでは、夏になると**必ずつくる
定番の麺料理を3品紹介**します。
どの麺も**手軽にさっとできる**ので、
ぜひチャレンジしてみてください！

暑い日に超オススメです！！
このレシピを思いついてから、
夏は冷凍庫にトマトを常備す
るようになりました。ツナやサ
ラダチキンを入れても○

かき氷そうめん

トマト氷でひんやり！

トマト ——————— 1個
そうめん ——————— 1人前
Ⓐ めんつゆ —— 大さじ2
　水 ——————— ½カップ

1 トマトは冷凍庫でひと晩ほ
　ど凍らせておく。
2 そうめんはゆでて流水で
　もみ洗いし、水気をきって
　器に盛る。
3 1をすりおろし、2の上に
　盛る。混ぜ合わせたⒶを
　器の縁から注ぐ。

塩昆布の旨味が凝縮！

めんたい納豆
バターうどん

調理師専門学校に勤めていたとき、生徒さんに教えてもらった一品です。塩昆布の代わりに昆布茶を使っても。お皿の上でささっと混ぜれば洗いものが増えず、そこも気に入っているポイントです(笑)

教えて！
重信さん家の定番夏麺

明太子	30g
バター	10g
塩昆布	ひとつまみ
ひきわり納豆	1パック
冷凍うどん	1人前

1 ボウルに明太子をハサミで5mm幅に切って入れ、バター、塩昆布を加える。

2 ひきわり納豆は添付のたれの半量を加え、混ぜておく。

3 湯を沸かし、うどんをゆでる。ゆであげをゆで汁大さじ2とともに①に入れ、手早く混ぜる。器に盛って②をのせ、混ぜていただく。

\教えて!/ 重信さん家の定番夏麺

卵とキャベツがやさしい
パパッと冷やし中華

冷やし中華が食べたいけれど、具材を細く切るのが面倒……というところから生まれた一品です。チャーシューやきゅうりなど、冷蔵庫にあるものを加えることも。ぜひ自分なりにアレンジしてみてください。

サラダ油	大さじ½
卵	2個
キャベツ	2枚
中華麺	1人前
冷やし中華のたれ(しょうゆ味)	1袋(添付)※
刻みのり、白ごま	各適量

※P22の手づくりだれを使う場合は完成量の半量。

1 フライパンにサラダ油を熱し、割りほぐした卵を流し入れてかき混ぜ、半熟状になったら取り出す。

2 中華麺をゆでる前のお湯にキャベツを入れる。緑が鮮やかになったら水にとって絞り、太めのせん切りにして再び軽く絞る。

3 2の湯で麺をゆで、流水で締めて器に盛る。上に1、2を盛ってたれをかけ、のり、白ごまを散らす。

二 の 麺

そうめん

しらすとラー油のぶっかけそうめん

うどん　そうめん　そば　中華麺　パスタ

二の麺
そうめん

みょうが	1個
細ねぎ	1〜2本
青じそ	3枚
そうめん	1人前
しらす	50g
Ⓐ ラー油（具入り）※	大さじ1
しょうゆ	大さじ½

※手づくりする場合は、P46-47を参照。

1 みょうがは縦半分に切って薄切りに。細ねぎは小口切り、青じそはせん切りにする。

2 ゆでたそうめんを流水でもみ洗いし、よく水気をきって器に盛る。

3 2にしらすと1をのせ、Ⓐをかけてよく混ぜていただく。

そうめん
—二の麺—

POINT

具なしのラー油を使う場合は、
小さじ1/2程度を目安に

香りと風味が最高!
ラー油を手づくりしてみよう!

夏麺に欠かせない調味料の一つがラー油です。
実は意外と簡単につくれるってご存じですか?
香りと風味がクセになる手づくりラー油をぜひお試しあれ!

※材料の表記はつくりやすい分量です。

- ◆韓国とうがらし(粉) ── 人さじ3
- ◆水 ── 大さじ1
- ◆サラダ油 ── ½カップ
- ◆しょうがの薄切り ── 3〜4枚
- ◆にんにくの薄切り ── 2片分
- ◆長ねぎの青い部分 ── 2〜3本
- ◆ごま油 ── 大さじ2

ラー油を使ったレシピ➡P34,44,86,92

材料を揃えてレッツスタート!

少しずつ水をふりかけよく混ぜる!

1 韓国とうがらしを耐熱のボウルに入れ、水をふり混ぜ、15分以上ふやかしておく。

4 ③を①に入れなが
ら混ぜ、仕上げに
ごま油を加える。

ジューッ！

粗熱がとれたら
具ごと瓶に詰めて完成！

お好みで、花椒の粉や五香粉
を加えてアレンジしても！　冷
蔵庫で1ケ月保存可能です。
本書で紹介している麺料理以
外にも使ってみてください。

3 一度火を止め、しょうが、にんにく、ねぎを取
り出し、再び中火にかけて少し煙が上がる
ぐらいまで注意しながら油を熱する。

2 フライパンにサラダ油、
しょうが、にんにく、ね
ぎを入れて中火にかけ、
シュワシュワしてきたら
中弱火にして時々混ぜ
ながら、にんにくがきつ
ね色になるまで4〜5
分揚げ焼きにする。

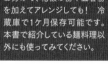

さば缶を汁ごと!
冷や汁風
ぶっかけそうめん

きゅうり	½本
みょうが	1個
Ⓐ めんつゆ、みそ	各大さじ1
水	½カップ
おろししょうが	小さじ1
さば水煮缶	1缶(200g)
そうめん	1人前

1 きゅうりとみょうがは小口切りにする。

2 Ⓐを混ぜ合わせ、さば水煮を汁ごと入れて粗く崩し、**1**を加えて混ぜる。

3 ゆでたそうめんを流水でもみ洗いし、水気をきって器に盛る。

4 **3**に**2**をかけていただく。

POINT

いただく前に、よく混ぜて！

旬の野菜を豪快に
なすステーキ
そうめん

| うどん | そうめん | そば | 中華麺 | パスタ |

なす	1本
サラダ油	大さじ2
そうめん	1人前
青じそ	5枚
おろししょうが	大さじ½
けずりぶし	2g
しょうゆ	大さじ1

1 なすはヘタを切り落として縦に4枚にスライスし、サラダ油を熱したフライパンに並べて中弱火で2〜3分焼く。焼き色がついたらひっくり返してさらに火が通るまで1〜2分焼く。

2 ゆでたそうめんを流水でもみ洗いし、水気をきって器に盛る。

3 ②の上に①を並べ、せん切りにした青じそとおろししょうが、けずりぶしを盛りつけ、しょうゆをかける。

冷たい梅茶漬け そうめん

うどん / そうめん / そば / 中華麺 / パスタ

そうめん	1人前
のり茶漬けの素	1袋
冷水	¾カップ
梅干し	1個
氷	2〜3片

1 ゆでたそうめんを流水でもみ洗いし、水気をきって器に盛る。

2 ①の上にのり茶漬けの素をふりかけ、冷水を注ぎ入れる。仕上げに梅干しをのせ、氷を浮かべる。

そうめん —二の麺—

:POINT:
お好みでサラダチキンを加えても!

手づくりだれで!

ビビン冷麺風
そうめん

うどん そうめん そば 中華麺 パスタ

きゅうり	⅓本
そうめん	1人前
チョジャン（つくり方はP23）	
	完成量の半量程度
ごま油	大さじ½
ゆで卵	½個
白ごま	適量

1 きゅうりは斜め薄切りにしてからせん切りに。

2 ゆでたそうめんを流水でもみ洗いし、水気をきってボウルに入れる。チョジャンとごま油を加えて混ぜ、器に盛る。

3 ②の上に①とゆで卵をのせ、白ごまをふる。

マイルドな辛さ

ツナキムチ
そうめん

うどん そうめん そば 中華麺 パスタ

そうめん
二の麺

白菜キムチ	100g
ツナ缶(小)	1缶(70g)
A 鶏ガラスープの素	大さじ½
熱湯	大さじ2
冷水	¾カップ
そうめん	1人前
ごま油	小さじ1

1 キムチは粗く刻み、ツナは油をきっておく。

2 Aを混ぜて溶かしてから冷水を入れ、1を加えて軽く混ぜる。

3 ゆでたそうめんを流水でもみ洗いし、水気をきって器に盛る。

4 3に2をかけ、ごま油を回しかける。

疲れた身体に!

酢のもの風そうめん

うどん / そうめん / そば / 中華麺 / パスタ

わかめ（乾燥）	大さじ2
きゅうり	½本
Ⓐ 鶏ガラスープの素	大さじ½
塩	小さじ⅓
熱湯	大さじ2
酢	大さじ1
冷水	1カップ
そうめん	1人前
ごま油、白ごま	各小さじ1

1. わかめは水で戻し、ザルにあげて水気をきる。きゅうりは小口切りに。
2. Ⓐをよく混ぜて溶かしてから酢と冷水を加え、混ぜ合わせる。
3. ゆでたそうめんを流水でもみ洗いし、水気をきって器に盛る。①をのせ、②を注ぎ入れ、仕上げにごま油と白ごまをかける。

二の鍋
そうめん

POINT

氷を入れれば、
見た目も涼やかに!

梅みそオリーブ油だれで!

たことオクラの混ぜそうめん

刺身用のゆでだこ	70g
オクラ	3本
そうめん	1人前
梅みそオリーブ油だれ（つくり方はP23）	完成量の半量程度

1 たこは薄切りに。そうめんをゆでる前の湯に
オクラを入れ、鮮やかな緑になったら冷水に
とって斜めに4等分に切る。

2 ①の湯でゆでたそうめんを流水でもみ洗いし、
水気をきってボウルに入れる。

3 ②に梅みそオリーブ油だれを混ぜ入れる。さ
らに①を加えて混ぜ、器に盛る。

POINT

お好みで
オリーブ油をかけても！

トマトジュースで

イタリアン ぶっかけそうめん

   中華麺 パスタ

トマトジュース（有塩タイプ）	190g
Ⓐ オリーブ油	大さじ½
塩、おろしにんにく	各小さじ⅓
そうめん	1人前
きゅうり	⅓本
ハム	2枚

1 冷蔵庫で冷やしておいたトマトジュースにⒶを混ぜ入れ、器に注ぐ。

2 ゆでたそうめんを流水でもみ洗いし、水気をきって①の器に盛る。

3 ②の上に、角切りにしたきゅうりとちぎったハムをのせる。

めんつゆで洋の味!

生ハムとなすの マリネ風そうめん

うどん	そうめん	そば	中華麺	パスタ

なす	1本
塩水　水	½カップ
塩	小さじ1
そうめん	1人前
生ハム	3枚
バジル(生)	4〜5枚
粉チーズ、オリーブ油	各小さじ1
Ⓐ　めんつゆ	大さじ2
冷水	¾カップ

1 なすは厚さ2〜3㎜の半月切りにし、塩水に15分ほどつける。変色を防ぐため、水面ギリギリにラップをかけておくとよい。

2 ゆでたそうめんを流水でもみ洗いし、水気をきって器に盛る。ちぎった生ハムを上にのせる。

3 軽くもんで水気を絞った1とちぎったバジルを合わせ、2の上に盛る。粉チーズ、オリーブ油をかけ、混ぜ合わせたⒶを器の縁から注ぐ。

そうめん
二の麺

野菜たっぷり！

簡単ラタトゥイユ つけそうめん

(うどん) (そうめん) (そば) (中華麺) (パスタ)

玉ねぎ	¼個
なす	1本
赤パプリカ	¼個
オリーブ油	大さじ2
トマト	1個
Ⓐ めんつゆ	大さじ3
水	1カップ
そうめん	1人前

1 玉ねぎ、なす、パプリカは1.5cm角ぐらいに切る。

2 フライパンにオリーブ油を熱して①を入れ、中火で2分炒める。

3 1.5cm角ぐらいに切ったトマトを加えてひと混ぜし、Ⓐを注いで煮立ったら弱火で1分煮て、火を止める。

4 ゆでて流水でもみ洗いし、水気をきったそうめんを別皿に盛り、③につけていただく。

·POINT·

ラタトゥイユは
冷やしてもおいしい！

沖縄の夏!

ゴーヤのそうめん チャンプルー

うどん／そうめん／そば／中華麺／パスタ

そうめん	1人前
魚肉ソーセージ	1本
ゴーヤ	¼本
ごま油	大さじ½
めんつゆ	大さじ1
卵	1個
けずりぶし	2g

1 そうめんはゆでて流水でもみ洗いし、水気をきっておく。

2 魚肉ソーセージは厚さ5mmの斜め切りに。ゴーヤは厚さ5mmの薄切りにする。

3 フライパンにごま油を熱し、魚肉ソーセージを中火で1分炒める。ゴーヤと□を加え、こまめに混ぜながらさらに1分炒める。

4 めんつゆで味を調え、溶いた卵を回しかけ半熟状になるまで炒めて火を止める。器に盛り、けずりぶしをふっていただく。

混ぜて幸せ
トマ卵のつけ
そうめん

(うどん) (そうめん) (そば) (中華麺) (パスタ)

トマト	大1個
卵	2個
サラダ油	大さじ1
塩	小さじ⅓
こしょう	少々
そうめん	1人前

1 トマトは乱切りに。卵は割りほぐして
   おく。

2 フライパンにサラダ油を熱して卵を
   入れ、半熟状になったら取り出す。

3 ②のフライパンにトマト、塩、こしょう
   を入れ、トマトが少し崩れて汁気が
   出てくるまで中弱火で2〜3分炒め
   る。②の卵を戻し入れ、混ぜる。

4 ゆでたそうめんを流水でもみ洗いし、
   水気をきり、器に盛る。③をかけ、よ
   く混ぜていただく。

—二の麺—
そうめん

POINT

さやなしの枝豆を使う場合は、
50gでよい

梅で旨味がアップ！
ちくわと梅の焼きそうめん

うどん　そうめん　そば　中華麺　パスタ

そうめん	1人前
玉ねぎ	¼個
ちくわ	2本
梅干し	1個
サラダ油	大さじ1
冷凍枝豆（さやつき）	100g

1 そうめんはゆでて流水でもみ洗いし、水気をきっておく。

2 玉ねぎは薄切りに、ちくわは小口切りにする。梅干しは種を除いて粗くたたいておく。

3 フライパンにサラダ油を熱して玉ねぎとちくわを入れ、中火で1分炒める。

4 1と解凍してさやから出した枝豆を加え、こまめにゆすりながらさらに1分炒める。梅干しを加え混ぜ合わせたら、そのまま触らずに底に少し焼き色がつくまで1分程度焼きつける。

おうちで現地味!
上海風ねぎ油そうめん

パスタ / 中華麺 / そば / そうめん / うどん

そうめん 二の麺

POINT

ねぎの油は全部かけると多い。
余ったら炒めものや
あえものに使うと◎

長ねぎ	1本
サラダ油	大さじ3
そうめん	1人前
A しょうゆ	大さじ2
砂糖	小さじ1

1. 長ねぎは4cm程度の長さに切ってから、太めのせん切りにする。
2. フライパンにサラダ油を熱して1を入れ、時々混ぜながら中火で薄茶色になるまで4〜5分揚げるようにゆっくり炒める。
3. そうめんはゆでて流水でもみ洗いし、水気をきって器に盛る。
4. 2をのせ、混ぜ合わせた®を回しかけ、よく混ぜていただく。

やさしい辛さの グリーンカレーつけそうめん

しめじ	50g
赤パプリカ	¼個
サラダチキン	50g
Ⓐ ナンプラー	大さじ½
水	½カップ
グリーンカレーペースト	大さじ½
牛乳	½カップ
そうめん	1人前
香菜	2本

1 しめじは小房に分け、パプリカは乱切りに。チキンは大きめに裂く。

2 鍋にⒶとグリーンカレーペーストを入れて溶かし、中火にかけて煮立ったら1を加え、混ぜながら1分煮る。牛乳を加え、沸騰直前で火を止める。

3 そうめんはゆでて流水で締めて水気をきり、別皿に盛って2㎝の長さに切った香菜を飾る。2をつけていただく。

三の麺

そば

ボリューム満点！

冷ややっこそば

わかめ（乾燥）	大さじ1
みょうが	1個
そば	1人前
絹豆腐	½丁（150g）
天かす	大さじ2
Ⓐ めんつゆ	大さじ1
ごまドレッシング	大さじ2

1 わかめは水で戻し、ザルにあげて水気をきる。みょうがは小口切りに。

2 そばはゆでて流水でもみ洗いし、水気をきって器に盛る。

3 豆腐をのせ、**1**と天かすを散らし、混ぜ合わせたⒶをかける。よく混ぜていただく。

POINT

薬味は大葉やねぎなどでもOK。
キムチをのせても！

たくあんポリポリ！

納豆オクラそば

納豆		1パック
たくあん		2枚
オクラ		2本
そば		1人前
Ⓐ めんつゆ		⅓カップ
冷水		1カップ

1 納豆は添付のたれとからしを入れてよく混ぜ、粗みじんにしたたくあんを加えてさらに混ぜる。

2 そばをゆでる前のお湯でオクラをさっとゆでて冷水にとり、5mm幅の輪切りにして①に入れる。

3 そばはゆでて流水でもみ洗いし、水気をきって器に盛る。混ぜ合わせたⒶを注いで②をのせる。

そば
——三の麺——

POINT

納豆の粒の大きさは
お好みで

しょうがの清涼感！

つるっと
もずくそば

(うどん) (そうめん) (そば)　中華麺　パスタ

そば	1人前
かに風味かまぼこ	4本
きゅうり	⅓本
おろししょうが	大さじ½
もずく（味つき）	1パック（70〜80g）
Ⓐ ポン酢	大さじ1
ごま油	小さじ1

1 そばはゆでて流水でもみ洗いし、水気をきって器に盛る。

2 ほぐしたかに風味かまぼこ、斜め薄切りにしてからせん切りにしたきゅうり、しょうがを盛る。

3 もずくと混ぜ合わせたⒶをかけ、よく混ぜていただく。

柴漬けが味の要!

ツナマヨ サラダそば

（うどん）（そうめん）（そば）（中華麺）（パスタ）

水菜	50g
柴漬け	40g
ツナ缶（小）	1缶（70g）
マヨネーズ	大さじ2
そば	1人前

1 水菜は4〜5cmの長さに切る。

2 柴漬けは粗く刻んで油をきったツナとマヨネーズとあえておく。

3 そばはゆでて流水でもみ洗いし、水気をきって器に盛る。水菜を敷いて、2をのせる。

カルシウムたっぷり

しらす モッツァレラの ぶっかけそば

うどん / そうめん / そば / 中華麺 / パスタ

モッツァレラチーズ	50g
バジル(生)	4～5枚
しらす	50g
そば	1人前
Ⓐ めんつゆ	大さじ3
冷水	1カップ
オリーブ油	小さじ1

1. モッツァレラチーズとバジルを手でちぎって、しらすとざっくり混ぜ合わせておく。
2. そばはゆでて流水でもみ洗いし、水気をきって器に盛る。
3. ②に①を盛りつけ混ぜ合わせたⒶを注ぎ、仕上げにオリーブ油を回しかける。

もう1品ほしい！そんなときは
副菜これつくろう！

麺だけじゃ物足りない……。
そんなときにオススメの麺によく合う副菜を紹介します。

青じそと チーズの 卵焼き

栄養満点！
辛い麺の箸休めにも

卵	2個
塩、こしょう	各少々
サラダ油	小さじ1
青じそ	3枚
スライスチーズ	2枚

1 卵は割りほぐし、塩、こしょうを加える。

2 直径18～20cm程度の小さめのフライパンにサラダ油を中火で熱し、①を流し入れて大きく混ぜる。半熟状になったら弱火にし、上に青じそとチーズを並べる。

3 ②の卵を2～3回折り畳んで1分ほど焼き、食べやすい大きさに切る。

パプリカと豆もやしのナムル

もっと野菜を！

赤パプリカ	¼個
豆もやし	½袋
Ⓐ 白すりごま	大さじ2
ごま油	小さじ1
おろしにんにく	小さじ⅓
塩	小さじ¼
こしょう	少々

1 パプリカは薄切りにして豆もやしとともに耐熱のボウルに入れ、ラップをして電子レンジで2分半ほど加熱する。

2 ①の水気をきり、熱いうちにⒶを加えてあえる。

魚肉ソーセージとオクラのマヨネーズあえ

タンパク質をプラス！

魚肉ソーセージ	1本
オクラ	3本
Ⓐ マヨネーズ	大さじ1
しょうゆ	小さじ⅓
けずりぶし	2g

1 魚肉ソーセージは斜め薄切りに、オクラは小口切りにする。

2 ボウルに①、Ⓐを入れて混ぜ、けずりぶしを加えて軽く混ぜる。

夏の定番!
すだちそば

うどん そうめん そば 中華麺 パスタ

——三の麺——
そば

そば	1人前
すだち	2個
Ⓐ めんつゆ	大さじ3
冷水	1カップ

1 そばはゆでて流水でもみ洗いし、水気をきって器に盛る。

2 1の上に2〜3mm幅の薄切りにしたすだちを並べ、混ぜ合わせたⒶを注ぐ。

油で炒めたなすの旨味！

なすベーコン炒めつけそば

うどん　そうめん　そば　中華麺　パスタ

なす	1本
ベーコン（薄切り）	3枚
サラダ油	大さじ1
しょうが	1片
Ⓐ めんつゆ	大さじ3
水	¾カップ
そば	1人前

1 なすは乱切りに。ベーコンは3cmの長さに切る。

2 フライパンにサラダ油を熱して1を入れ、2分ほど炒める。せん切りにしたしょうがとⒶを加え、煮立ったら弱火で1分煮て火を止める。

3 そばはゆでて流水でもみ洗いし、水気をきって別皿に盛る。2のつゆにつけていただく。

ボリューム満点

から揚げと
ねぎのつけそば

うどん　そうめん　そば　中華麺　パスタ

冷凍から揚げ	4個
長ねぎ	8cm
Ⓐ めんつゆ	大さじ3
水	1カップ
黒すりごま	大さじ1
粉山椒	少々
そば	1人前

１ から揚げは袋の表示に従って加熱する。長ねぎは4cmの長さに切り、太めのせん切りに。

２ 鍋にⒶを入れて火にかけ沸騰したら、長ねぎを入れる。再び煮立ったら火を止め、すりごまを加える。器に注ぎ、から揚げを入れ、山椒をふる。

３ そばはゆでて流水でもみ洗いし、水気をきって別皿に盛る。２のつゆにつけていただく。

そば
三の鎖

山形の味
冷製肉そば

うどん　そうめん　そば　中華麺　パスタ

Ⓐ めんつゆ —————— ⅓カップ
　　水 —————————— 2カップ
鶏もも肉 ——————— 1枚(300g)
長ねぎ ————————— 3cm
そば ——————————— 1人前

1 鍋にⒶを入れて加熱し、沸騰したら
鶏肉を入れ、再び煮立ったら弱火に
して4分ゆでる。上下を返してさら
に3分ゆでて火を止める。そのまま
粗熱をとり、冷蔵庫などでスープご
と冷やす。

2 鍋から取り出した鶏肉を薄切りにす
る。長ねぎは小口切りに。スープに
浮いている脂は取り除く。

3 そばはゆでて流水でもみ洗いし、
水気をきって器に盛る。鶏肉の半量
を上に盛りつけ、スープを注ぎ、長
ねぎをのせる。

三の鎖—
そば

POINT

残った鶏肉は冷蔵庫で保存し、
翌日のごはんのおかずにしても

レンチン!
ビビンバ風野菜そば

(うどん) (そうめん) (そば) (中華麺) (パスタ)

豆もやし	¼袋
ほうれん草	2〜3株
にんじん	30g
Ⓐ ごま油	小さじ1
おろしにんにく	小さじ⅓
塩	小さじ¼
そば	1人前
温泉卵	1個
めんつゆ	大さじ1

1 耐熱のボウルに豆もやし、3cmの長さに切ったほうれん草、せん切りにしたにんじんを入れる。ラップをして電子レンジで2分半ほど加熱し、熱いうちにⒶを加えて混ぜ合わせる。

2 そばはゆでて流水でもみ洗いし、水気をきって器に盛る。

3 2の上に1を盛り、温泉卵をのせる。めんつゆを回しかけ、よく混ぜていただく。

そば
—三の麺—

おいしくてゴメン！ オススメ麺

重信さん　編集A　編集B　編集C

重信さんと、麺に目がない『夏麺』の担当編集者3名による、
「オススメの麺」をテーマにした麺談義の模様をご紹介。
気になる麺があったら、ぜひ試してみてください！

編集B　Aさんは、よく麺をお取り寄せしています
よね。最近「これは！」と思ったものはありますか？

編集A　「マルボシ製麺所 中華そば」ですね。乾
麺の中華麺なんですが、今やわが家の常備麺の
一軍です。一部のスーパーでも買えます。

重信　私も冷やし中華にして食べましたけど、
コシがあっておいしかったです。

編集B　ほかに、オススメの麺はありますか？

三穀deパスタ 180g
422円（税込／創健社／0120-101-702）
下記のサイトや自然食品店で購入できます。
https://ec.sokensha.co.jp/

編集A　そうですね。最近はグルテンフリー麺も
いろいろ試しているんですけど、「三穀deパスタ」
は味はもちろん、炒めても形が崩れないので気に
入っています。

編集C　あの麺は、もちもち食感もたまらないで
すよね～。もちもちと言えば「五島うどん」も、コシ
があっておいしいですよ。

マルボシ製麺所 中華
そば 320g
270円（税込／星野物
産／0277-73-3333）
下記のサイトや全国の
取扱店で購入できます。
https://hoshinet.
shop-pro.jp/

五島手延うどん 250g
300円（税込／ますだ製
麺／0959-42-0821）
下記のサイトや長崎県の
アンテナショップなどで購
入できます。
http://masudaseimen.
shop24.makeshop.jp/

重信 五島うどんは、のどごしもいいですよね。

編集C そうなんです！ 今回紹介したのは友人
がお土産にくれたものなんですけど、五島うどん
自体は東京でもたまに見かけるので、ついつい買
ってしまいます。

編集B 私も近所のお店で見かけたことがあるよ
うな。今度買ってみようかな……。

編集C ぜひ！ ところで、Bさんのオススメ麺は？

編集B 「KiKi麺」なんですけど、皆さん、ご存じ

KiKi麺
花椒チリー 4食セット
1,480円（税込／ダスカコレ
クション）
下記から、各公式販売サイ
トへ進むことができます。
https://www.daskajapan.
com/product/kiki.html

ですか？

重信 確か、台湾の混ぜそばですよね。

編集B さすが重信さん！ やっぱりご存じなん
ですね。グルメなスタイリストさんに教えてもらっ
て、試してみたら本当においしくて。

編集A 混ぜ麺は、暑い日にできたてを思いっき
りかき混ぜて食べると、よりおいしく感じますよね。
そういえば、肝心の重信さんのオススメ麺をまだ
伺っていませんでした。

重信 思い出深い麺でもいいですか？

編集A もちろんです！

重信 中国で食べたビャンビャン麺は幅広麺の
見た目もインパクト大でしたが、「ビャンビャン」の
漢字が世界有数の難しさらしくて、そういうところ
も印象に残っています。どういう字なのかは各自
ネットなどで調べてみてくださいね（笑）。

編集C 漢字もですが、味も気になります……。
さすがにこれは、家ではつくれないですよね……。

重信 それが最近、群馬の「ひもかわうどん」で
つくってみたら、本場の味に近いものができたん
ですよ！

一同 ぜひつくり方を教えてください！！

気になるつくり方は、次のページへ！

鬼ひも川

群馬県の郷土料理・ひもかわうどんは、幅広くて平たい麺が特徴的。本書では、中でも特に幅広い花山うどんの「鬼ひも川」を使用。下記のサイトや花山うどんの各店舗で購入できます。

https://www.hanayamaudon.jp/

ひもかわうどんで ビャンビャン麺

POINT

ごま油は麺がゆであがる
1分ほど前に
熱し始めるとよい

小松菜	2〜3株
もやし	¼袋
ひもかわうどん	100g
しょうゆ	大さじ½
韓国とうがらし(粉)	小さじ1※
ごま油	大さじ1

※一味とうがらしを使う場合は、小さじ1/3。

1. 麺をゆでる前の湯で、3〜4cmの長さに切った小松菜、もやしをさっと湯通ししてザルにあげる。

2. ①の湯で、麺を袋の表示に従ってゆでる。ゆであがった麺の水気をきって器に盛ってしょうゆを回しかけ、①の野菜をのせて韓国とうがらしをふる。

3. 仕上げに、フライパンに入れて弱火にかけ少し煙が出るぐらいまで熱したごま油をジュッとかける。

四の麺

中華麺

特製しょうゆだれで!
香菜ときゅうりの冷やし中華

うどん　そうめん　そば　中華麺　パスタ

チャーシュー	60g
きゅうり	½本
香菜	2本
中華麺	1人前
しょうゆだれ(つくり方はP22)	完成量の半量

1 チャーシューときゅうりは太めのせん切りに、香菜は2cmの長さに切って混ぜ合わせる。

2 ゆでた麺を流水で締めて器に盛る。

3 1を2の上に盛り、たれをかける。

POINT

具なしのラー油を使う場合は、
様子をみながら適量をかけて

中華麺
—四の麺—

練りごまだれで！

棒棒鶏風冷やし中華

中華麺	1人前
トマト	1個
サラダチキン	50g
半熟卵	1個
練りごまだれ（つくり方はP22）	完成量の半量
ラー油（具入り）※	大さじ1

※手づくりする場合は、P46-47を参照。

1 ゆでた麺を流水で締めて器に盛る。
2 薄切りにしたトマトと裂いたチキン、卵を盛り
つけ、たれとラー油をかける。

ピリ辛で箸が進む!
蒸しなすとザーサイの冷やし中華

うどん / そうめん / そば / 中華麺 / パスタ

なす	2本
ザーサイ(味つき)	20g
長ねぎ	⅙本
Ⓐ しょうゆ	大さじ1
酢	大さじ½
砂糖、ごま油	各小さじ1
豆板醤	小さじ⅓
中華麺	1人前

1 なすはヘタを切り落として裂きやすいよう縦に放射状に切り込みを入れる。1本ずつラップに包み、電子レンジで2分、上下を返してさらに30秒～1分程度柔らかくなるまで加熱し、氷水で冷やしてから裂いて軽く水気をきる。

2 ザーサイは粗く刻む。長ねぎは粗みじんにしてⒶと混ぜ合わせ、たれをつくる。

3 ゆでた麺を流水で締めて器に盛る。①をのせ、ザーサイを散らしてたれをかける。

中華麺
—四の麺—

シーフードミックスで!

梅蘭風焼きそば

うどん / そうめん / そば / 中華麺 / パスタ

サラダ油	大さじ½
シーフードミックス	100g
レタス	3枚
Ⓐ 酒、オイスターソース	各大さじ1
ごま油、しょうゆ	各小さじ½
こしょう	少々
水	½カップ
Ⓑ 片栗粉	大さじ½
水	大さじ1
サラダ油（麺用）	大さじ3
中華蒸し麺	1人前

1 フライパンにサラダ油を熱して解凍したシーフードミックスを軽く炒め、大きめにちぎったレタスを加え、しんなりするまで1分ほど炒める。Ⓐを加えて1分、混ぜ合わせたⒷを回しかけてとろみがつくまでさらに煮て、器に盛る。

2 ①のフライパンを洗って麺用の油を熱し、水をかけて軽くほぐした麺を入れる。ふたをしてそのまま触らず、片面だけ中火で3〜4分ほどカリッときつね色になるまで焼く。

3 ②の油をきり、焼き色がついた面を上にして①を覆うようにのせる。

異国情緒あふれる味！

豚とにらの
クミン焼きそば

うどん　そうめん　そば　中華麺　パスタ

にら	½束
豚こま切れ肉	80g
塩、こしょう	各少々
中華蒸し麺	1人前
サラダ油	大さじ1
クミン（粒）	小さじ1
Ⓐ 酒	大さじ1
しょうゆ	小さじ1
塩	小さじ⅓
こしょう	少々

1 にらは4cmの長さに切り、豚肉は塩、こしょうをもみ込む。麺はほぐれるまで2分ほど電子レンジで加熱する。

2 フライパンにサラダ油とクミンを入れて弱めの中火にかけ、プチプチと音がしてきたら豚肉を加える。中火にして2〜3分炒め、肉に焼き色がついてきたら麺、Ⓐを加えて1分ほど炒め合わせる。

3 にらを加え、鮮やかな緑色になったら火を止めて器に盛る。

中華麺
四の麺

食べごたえあり!
さつま揚げの ソース焼きそば

さつま揚げ	2枚(50g)
玉ねぎ	¼個
キャベツ	1枚
中華蒸し麺	1人前
サラダ油	大さじ1
Ⓐ ウスターソース	大さじ1
しょうゆ	小さじ1
紅しょうが	適量

1. さつま揚げは4〜5等分のそぎ切りに。玉ねぎは2〜3mm幅の薄切り、キャベツは太めのせん切りにする。麺はほぐれるまで2分ほど電子レンジで加熱する。
2. フライパンにサラダ油を熱してさつま揚げと玉ねぎを入れ、中火で1分炒める。麺、キャベツ、Ⓐを加え、さらに1分炒める。
3. 最後にそのまま1分ほど焼きつけて器に盛り、紅しょうがを添える。

ごまドレで簡単!

汁なし担々麺

うどん そうめん そば 中華麺 パスタ

中華麺 ―四の麺―

サラダ油	大さじ½
長ねぎ	⅙本
豚ひき肉	150g
Ⓐ 酒、水	各大さじ2
みそ、ごまドレッシング	各大さじ1
おろしにんにく	小さじ½
ほうれん草	2株
中華麺	1人前
ラー油(具入り)※	大さじ1

※手づくりする場合は、P46-47を参照。

1 フライパンにサラダ油を熱して粗みじんにした長ねぎを入れ、中火で1分ほど炒める。豚肉を加え、さらに3〜4分炒める。

2 全体に少し焼き色がついてきたら混ぜ合わせたⒶを加え、なじむまで炒め混ぜる。

3 麺をゆでる前の湯に3〜4cmの長さに切ったほうれん草を入れてひと混ぜし、ザルにあげる。同じ湯で麺をゆで、流水で締めて器に盛る。

4 ほうれん草、2を盛りつけ、ラー油をかける。

四の麺
中華麺

台湾の定番麺

スワンラーメン

うどん　そうめん　そば　(中華麺)　パスタ

豚こま切れ肉	80g
えのきたけ	小½束
中華麺	1人前
Ⓐ 鶏ガラスープの素	大さじ½
しょうゆ	大さじ1
塩	小さじ¼
水	2カップ
Ⓑ 片栗粉	大さじ1
水	大さじ2
卵	1個
Ⓒ 酢	大さじ2
粗びき黒こしょう	小さじ⅓

1 豚肉は細切りに。えのきたけは3〜4cmの長さに切る。麺はゆでて水気をよくきる。

2 鍋でⒶを煮立てて豚肉とえのきたけを入れ、ほぐしながら中火で1〜2分煮る。火が通ったら、混ぜ合わせたⒷでとろみをつける。

3 ②に溶いた卵を流し入れる。卵が固まったら麺を加え、さらに煮立ったらⒸを入れて火を止める。

熱々を召し上がれ！
激辛スンドゥブ ラーメン

（うどん）（そうめん）（そば）（**中華麺**）（パスタ）

ごま油	大さじ½
長ねぎ	¼本
韓国とうがらし（粉）	大さじ1と½
シーフードミックス	120g
水	1カップ
Ⓐ おろしにんにく、鶏ガラスープの素	各小さじ½
酒	大さじ1
しょうゆ	大さじ½
ナンプラー	小さじ1
こしょう	少々
絹豆腐	100g
中華麺	1人前

1 鍋にごま油を熱して斜め切りにした長ねぎを入れ、中火で1分ほど炒める。とうがらしを加えて軽く炒める。

2 シーフードミックスを凍ったまま入れ、1分炒めて水、Ⓐを加える。煮立ったら、スプーンなどで豆腐をすくって入れる。

3 ②にゆでて水気をよくきった麺を加え、再び煮立ったら火を止める。

中華麺
—四の麺—

牛乳でまろやか トムヤムクンラーメン

むきえび	5〜6尾
玉ねぎ	¼個
しめじ	50g
トムヤムペースト	小さじ1
Ⓐ ナンプラー	大さじ½
水	1カップ
塩	少々
牛乳	¼カップ
中華麺	1人前
香菜	1〜3本

1 えびは背わたを取り、玉ねぎは薄切りに。しめじは小房に分ける。

2 鍋でトムヤムペーストとⒶを煮立てて①を加え、再び煮立ったら弱火で1分煮る。

3 牛乳、ゆでて水気をきった麺を加えて煮立つ前に火を止める。器に盛り、1cmの長さに切った香菜をのせる。

五の麺

スパゲッティー

あえるだけでお店の味

フレッシュトマトの冷製パスタ

うどん （そうめん） そば 中華麺 （パスタ）

トマト	大1個
Ⓐ オリーブ油	大さじ½
塩	小さじ⅓
スパゲッティー	1人前
モッツァレラチーズ	50g
バジル(生)	4〜5枚

1 トマトは1㎝角ぐらいに刻んでボウルに入れ、Ⓐとあえる。汁が出てくるまで15分ほど冷蔵庫で冷やしておく。

2 ゆでたスパゲッティーを流水で締めて、①に加える。

3 2㎝角ぐらいに切ったモッツァレラチーズとちぎったバジルを加え、軽く混ぜて器に盛る。

レモンがさわやか！

ツナと野菜の
サラダ
スパゲッティー

(うどん)(そうめん)(そば)(中華麺)(パスタ)

セロリ	½本
赤パプリカ	¼個
塩	小さじ⅓
ツナ缶（小）	1缶（70g）
❹ マヨネーズ	大さじ2
塩、こしょう	各少々
スパゲッティー	1人前
レモンの輪切り	2枚

1 セロリの茎は小口切り、葉はざく切り
　にする。パプリカは薄切りにして塩
　をまぶし、15分置いて水気を絞る。

2 油をきったツナと①をボウルに入れ、
　❹を加えて混ぜ合わせる。

3 ゆでたスパゲッティーを流水で締め
　て、②に加えてあえる。粗みじんに
　したレモンをさっと混ぜ入れ、器に
　盛る。

粒マスタードのやさしい刺激

生野菜とハムの
マリネパスタ

（うどん）（そうめん）（そば）（中華麺）（**パスタ**）

スパゲッティー
——五の麺——

ズッキーニ ——————— ½本
赤玉ねぎ ——————— ⅛個
Ⓐ | 粒マスタード ——————— 小さじ1
　 | 酢、オリーブ油 ——————— 各大さじ1
　 | 塩 ——————— 小さじ⅓
　 | 粗びき黒こしょう ——————— 少々
ハム ——————— 2枚
スパゲッティー ——————— 1人前

1 ズッキーニはピーラーでリボン状に
し、赤玉ねぎは繊維を断つように薄
切りにする。

2 大きめのボウルにⒶを混ぜ、1とち
ぎったハムを加える。

3 ゆでたスパゲッティーを流水で締め
て、2に加えてあえる。

.;POINT;.

普通の玉ねぎの場合は
切ってから水に10分ほどさらして
水気をよくきって！

ルッコラの清涼感!

たことアボカドの冷製パスタ

うどん / そうめん / そば / 中華麺 / パスタ

刺身用のゆでだこ	80g
アボカド	½個
ルッコラ	5〜6本
Ⓐ オリーブ油、しょうゆ、レモン汁	各大さじ½
塩	ひとつまみ
スパゲッティー	1人前

1 たこは薄切りに。アボカドは2cm角に切る。ルッコラは3cmの長さに切って器に敷いておく。

2 ボウルにⒶを混ぜ、アボカドを加えて軽く潰す。

3 ゆでたスパゲッティーを流水で締めて、2に入れる。

4 たこを加えてあえたら、1の器に盛る。

103

青じそたっぷり！

しそベーゼ パスタ

うどん　そうめん　そば　中華麺　パスタ

豚しゃぶしゃぶ用肉(ロース)	80g
アボカド	½個
スパゲッティー	1人前
しそベーゼ(つくり方はP23)	大さじ3

1 スパゲッティー用の湯を沸かし、沸騰したら弱火にして豚肉を1枚ずつ広げて色が変わるまでゆでる。アボカドは2cm角に切っておく。

2 ①の湯に塩を入れてスパゲッティーをゆで、ザルにあげて水気をきり、豚肉、アボカドとともにボウルに入れる。しそベーゼと麺のゆで汁大さじ2を加え、手早くあえて器に盛る。

POINT
豚肉が大きければ、
ゆでた後にちぎっておくと
食べやすい

104

酸味とコクが広がる

レモンバターの
パスタ

うどん　そうめん　そば　中華麺　（パスタ）

レモン	½個
スパゲッティー	1人前
バター	20g
Ⓐ ナンプラー	大さじ½
粗びき黒こしょう	少々

1 レモンは輪切りにし、端の小さい部分は汁を絞っておく。

2 スパゲッティーは袋の表示より1分短くゆでる。

3 熱したフライパンにバターを溶かして中火にし、レモンを入れて少し焦げるまで1～2分焼く。②を加え、Ⓐと①のレモン汁、麺のゆで汁大さじ2を入れて手早く混ぜる。

スパゲッティー ——五の麺

トマト缶でお手軽に！
アラビアータ

(うどん) (そうめん) (そば) (中華麺) (**パスタ**)

鶏もも肉	½枚(150g)
塩、こしょう	各少々
なす	1本
にんにく	1片
赤とうがらし(乾燥)	1本
オリーブ油	大さじ2
カットトマト缶	½缶(200g)
Ⓐ 塩	小さじ⅓
こしょう	少々
スパゲッティー	1人前

1 鶏肉はひと口大に切って塩、こしょうをもみ込む。なすは7〜8mm幅の輪切りに。

2 にんにくは半分に切って芯を除き、潰しておく。とうがらしは種を除いてちぎる。

3 フライパンにオリーブ油を熱して②を炒め、香りがたったら鶏肉を並べて中火で2〜3分、裏返してさらに2分ほど焼く。

4 なすを加えて2分ほど炒め、カットトマトとⒶを入れて2分ほど煮る。

5 袋の表示より1分短くゆでたスパゲッティーの水気をきって④に入れ、軽くあえる。

⟟POINT⟟

③でにんにくが焦げそうなときは、鶏肉の上にのせて

にんにくたっぷり！

コンビーフ
ペペロンチーノ

にんにく	3片
赤とうがらし（乾燥）	1本
細ねぎ	1/3束
コンビーフ	1缶（100g）
オリーブ油	大さじ2
スパゲッティー	1人前
Ⓐ しょうゆ	小さじ1
粗びき黒こしょう	少々

1 にんにくは薄切りに。とうがらしは種を除いてちぎる。

2 細ねぎは3cmの長さに切り、コンビーフは大きめに崩しておく。

3 フライパンにオリーブ油と①を入れ、香りがたつまで弱火で2〜3分炒める。コンビーフを加えてさっと炒め合わせる。

4 袋の表示より1分短くゆでたスパゲッティーをゆで汁大さじ2とともに加え、Ⓐで味を調える。仕上げに細ねぎを入れてひと混ぜする。

スパゲッティー
——五の麺

黄身がとろーり

アスパラと目玉焼きのパスタ

（パスタ）
中華麺
そば
そうめん
うどん

アスパラガス	3本
スパゲッティー	1人前
オリーブ油	大さじ1
卵	2個
Ⓐ 粉チーズ	大さじ2
塩	小さじ¼
粗びき黒こしょう	少々

1 アスパラガスは半分に切り、根元の皮をむく。スパゲッティーをゆでる際にアスパラガスも一緒に入れ、4分たったら先に取り出しておく。

2 フライパンにオリーブ油を熱して卵を割り入れ、半熟の目玉焼きにする。

3 器にスパゲッティーを盛ってアスパラガスをのせ、その上に目玉焼きをフライパンの油ごとのせる。Ⓐをふって、崩しながら混ぜていただく。

夏の恵みをたっぷりと

生コーンの
カルボナーラ

(うどん) (そうめん) (そば) (中華麺) (パスタ)

スパゲッティー
五の鏡

とうもろこし	1本
Ⓐ 卵	1個
粉チーズ	大さじ1
牛乳	大さじ2
塩	小さじ⅓
粗びき黒こしょう	少々
オリーブ油	大さじ½
ソーセージ	3本
スパゲッティー	1人前

1 とうもろこしは包丁などで実をそぐ。Ⓐは混ぜ合わせておく。

2 フライパンにオリーブ油を熱してとうもろこしと薄切りにしたソーセージを入れ、中火で3分ほど炒める。

3 袋の表示より1分短くゆでたスパゲッティーとⒶを加え、火を止め余熱で手早く炒め合わせる。

POINT

生のとうもろこしがないときは缶詰めや冷凍などを150g使うと〇

109

罪悪感ゼロ！
ヘルシー麺

麺は好きだけど、できるだけ炭水化物は控えたい……。
そんなあなたのために、ヘルシーな食材を使った麺レシピを紹介します。

気軽に手に入る食材で！ たらこの豆乳クリーム麺

糸こんにゃくとえのきを 麺の代わりに！

糸こんにゃく	1パック（250g）
玉ねぎ	¼個
えのきたけ	小½束
サラダ油	小さじ1
たらこ	30g
Ⓐ 豆乳（成分無調整）	½カップ
コンソメ（顆粒）	小さじ½
塩、こしょう	各少々

1 糸こんにゃくはざく切りにし、下ゆでして
　ザルにあげる。玉ねぎは薄切りに。えの
　きたけは3〜4cmの長さに切ってほぐす。

2 フライパンにサラダ油を熱して1を入
　れ、中火で2分ほど炒める。

3 たらことⒶを加えて弱火にし、ソースが
　分離しないよう1分ほど炒め合わせる。

豆100%麺で 切り昆布とツナの ペペロンチーノ

にんにく	1片
赤とうがらし(乾燥)	1本
オリーブ油	小さじ1
切り昆布	80g
ゼンブヌードル	1束(80g)
ツナ缶(小/ノンオイル)	1缶(70g)
Ⓐ 塩	小さじ¼
粗びき黒こしょう	少々

1 にんにくは薄切りに。とうがらしは種を除いてちぎる。
2 フライパンにオリーブ油を熱して[1]を炒め、香りがたってきたら切り昆布を入れて軽く炒め合わせる。
3 袋の表示に従ってゆでた麺、ツナを加え、Ⓐで味を調える。

使ったのは
ゼンブヌードル！

低糖質で栄養価が高い黄えんどう豆から生まれたゼンブヌードル。本書では、太さ約1.6mmの丸麺を使用。下記のサイトなどインターネットで購入できます。
https://zenb.jp/

中国の定番食材「豆腐干」で!

ちくわの
トマトソース麺

オリーブ油	小さじ1
トマト	大1個
ちくわ	1本
A 塩	小さじ¼
こしょう	少々
豆腐干	100g

1 フライパンにオリーブ油を熱して、ざく切りにしたトマトをさっと炒める。小口切りにしたちくわと④を加え、3〜4分煮る。

2 豆腐干は袋の表示に従ってゆでる。ザルにあげて器に盛り、①をかける。

使ったのは
豆腐干!

豆腐に圧力をかけて水分を抜き、軽く乾燥させた豆腐干。本書では、優食の「豆腐干〈細切り(短)・冷凍〉」を使用。下記のサイトなどインターネットで購入できます。
https://yushoku.shop-pro.jp/
株式会社 優食

六の麺

その他の麺

- ◆インスタント麺
- ◆はるさめ
- ◆フォー
- ◆ビーフン

インスタント麺で

プデチゲ風ラーメン

ソーセージ	2本
キャベツ	½枚
インスタントラーメン（韓国の辛いタイプ）	1人前
スライスチーズ	1枚

1 ソーセージは斜め薄切りに。キャベツは1.5cm角に切る。

2 袋の表示の分量通りに湯を沸かし、ソーセージと麺、添付のかやくと粉末スープを入れ、表示よりも1分短く煮る。キャベツを加えてさらに1分煮て、器に盛り、チーズをのせる。

ゆずこしょう&ごま油で本格味変

ねぎチャーシュー麺

チャーシュー	50g
長ねぎ	⅙本
Ⓐ ゆずこしょう	小さじ⅓
ごま油	小さじ1
インスタントラーメン（しょうゆ味）	1人前

1 チャーシューは太めのせん切りにし、斜め薄切りにした長ねぎとともにボウルに入れ、Ⓐとあえる。

2 ラーメンを袋の表示通りにつくり、器に盛って①をのせる。

濃いめにつくって氷をドボン

えびとトマトの冷やし塩ラーメン

インスタントラーメン（塩味）	1人前
氷	適量
ゆでて殻をむいたえび	5〜6尾
プチトマト	4個
ルッコラ	3〜4本
オリーブ油	小さじ1

1 鍋に1カップの湯を沸かし、濃いめの塩ラーメンをつくる。完成したら氷を10〜12個ほど入れ、冷たくなるまで混ぜる。

2 器に盛り、えび、半分に切ったプチトマト、ざく切りにしたルッコラをのせ、オリーブ油を回しかける。

POINT

鍋に麺を入れてふたをすると、
少ない水でもつくりやすい

タイの人気麺料理

ヤムママー風ラーメン

赤玉ねぎ	¼個
かに風味かまぼこ	4本
トマト	1個
Ⓐ レモン汁	大さじ1
ナンプラー	大さじ½
砂糖	小さじ1
一味とうがらし	小さじ⅓
インスタントラーメン	1人前

1 赤玉ねぎは繊維を断つように薄切りにし、裂いたかに風味かまぼこ、ざく切りにしたトマトと一緒にⒶであえておく。

2 袋の表示通りにゆでた麺を流水で締めて1とあえる。

POINT

タイの袋麺を使った
あえ麺サラダ「ヤムママー」を
アレンジしました

釜山の屋台麺
たっぷり野菜の ビビンはるさめ

にら	3〜4本
ほうれん草	2株
にんじん	10g
たくあん（薄切り）	2枚

Ⓐ
しょうゆ、ごま油 ── 各大さじ½
砂糖 ── 小さじ½
おろしにんにく、
韓国とうがらし（粉／または一味とうがらし）
── 各小さじ⅓

はるさめ ── 1人前

1 にらとほうれん草は3cmの長さに切り、にんじん、たくあんはせん切りにする。Ⓐは混ぜ合わせておく。

2 はるさめ用に沸かした湯でにら、ほうれん草、にんじんをさっとゆで、ザルにあげる。同じ湯ではるさめを袋の表示通りにゆで、ザルにあげ、野菜とともに器に盛る。

3 たくあんをのせ、Ⓐをかけて混ぜていただく。

その他の麺
六の麺

い麺

疲れた胃にやさしい

サラダチキンの フォー

うどん　そうめん　そば　中華麺　パスタ

サラダチキン	60g
赤玉ねぎ	⅛個
香菜	1〜2本
サニーレタス	½枚
Ⓐ 鶏ガラスープの素、ナンプラー	各大さじ½
砂糖	小さじ1
おろしにんにく	小さじ½
水	2カップ
フォー	1人前
レモン（くし形切りにしたもの）	1切れ

1 チキンは5mm程度の厚さにスライスし、赤玉ねぎは繊維を断つように薄切りにする。香菜は1cmの長さに切り、レタスはちぎっておく。

2 鍋にⒶを入れ、煮立ったらチキンを入れて温まったら火を止める。

3 袋の表示通りにゆでて水気をきった麺と②を器に盛り、上に赤玉ねぎ、香菜、レタスをのせる。別皿に添えたレモンを絞っていただく。

ケチャップを使って

お手軽パッタイ

うどん　そうめん　そば　中華麺　パスタ

フォー	1人前
厚揚げ	½枚（120g）
細ねぎ	¼束
サラダ油	大さじ1

Ⓐ
ケチャップ	大さじ1
ナンプラー	小さじ1
おろしにんにく、砂糖	各小さじ⅓

ミックスナッツ	30g

1. 麺は袋の表示通りにゆで、流水でさっと洗ってぬめりを取る。
2. 厚揚げは2cm角程度に、細ねぎは2cmの長さに切る。
3. フライパンにサラダ油を熱して厚揚げを中火で1分ほど炒め、1とⒶを加えてくっつかないようにこまめにゆすりながらさらに1〜2分炒める。
4. 仕上げに細ねぎを加えてひと混ぜし、器に盛って粗く刻んだナッツを散らす。

炒めて高菜の旨味アップ！

豚と高菜の焼きビーフン

うどん （そうめん） そば （中華麺） パスタ

ビーフン	1人前
豚こま切れ肉	80g
塩、こしょう	各少々
サラダ油	大さじ½
刻んだ高菜(味つき)	50g

Ⓐ
鶏ガラスープの素、しょうゆ、
おろしにんにく ── 各小さじ½
酒、水 ── 各大さじ2
塩、こしょう ── 各少々

ごま油 ── 小さじ½

1 ビーフンはぬるま湯に10分ほどつけ
てからざく切りにする。豚肉は粗く刻
んで、塩、こしょうをもみ込んでおく。

2 フライパンにサラダ油を熱し、豚肉
をほぐしながら中火で2分程度炒め
る。高菜を加えてさらに1分炒める。

3 ビーフンとⒶを加え、麺に水分を吸
わせるように2分ほど炒める。仕上げ
にごま油を回しかける。

その他の麺
─六の麺─

さくらえびが香ばしい

セロリと長ねぎの汁ビーフン

そうめん
うどん

そば

中華麺

パスタ

その他の麺
六の種

ビーフン	1人前
セロリ	½本
長ねぎ	¼本
しょうが	1片
ごま油	小さじ½
さくらえび(乾燥)	5g
Ⓐ 鶏ガラスープの素、ナンプラー	各大さじ½
水	2カップ
塩、こしょう	各少々

1. ビーフンはぬるま湯に10分程度つけてからざく切りにする。

2. セロリの茎は薄切りに、葉はざく切りにする。長ねぎは太めのせん切りに、しょうがはせん切りにする。

3. フライパンにごま油を熱し、しょうがを軽く炒め、残りの2とさくらえび、Ⓐを加えて煮立てる。

4. 1を入れ、煮立ったら火を止め、器に盛る。

一家に1つ!
激推し調味料

ここでは、常備しておくと便利な、
麺によく合うオススメの調味料を紹介します!

ゆずこしょう

味変に使うと便利なゆずこしょう。そうめんを食べるときに使うことが多いです。風味と清涼感がプラスされ、スッキリいただけるのでオススメです。

柚子胡椒 柚子乃香 無添加 920円(税込／福岡ふるさと便り／https://furusato.cc)

純胡椒

収穫したばかりの生のこしょうを房ごと"塩水漬け"にした「純胡椒」。豚肉などと一緒に炒めて、麺にトッピングして食べるとおいしいです。刻んで、パスタなどの味変に使っても!

純胡椒 Sサイズ 1,190円(税込／仙人スパイス／http://sennin-spice.com)

ラブパクソース

マイルドな辛さのエスニックソース。このソースを水、ナンプラー、レモン汁と合わせれば、トムヤムクン風スープのできあがり! そのとき家にある麺や野菜を入れて、楽しむことが多いです。

ラブパクソース 1,490円(税込／JOHN'S OFFICE／www.lovepakusauce.com)

ハリサ

唐辛子に複数のスパイスを組み合わせた調味料。ラーメンやチャンプルー、パスタなどの味変に使えます。メーカーによって味がかなり違うので、お好みの味を探してみてください。

ハリサ チューブ入り70g 388円(税込／エム・アンド・ピー株式会社／www.chichukai.jp)

おわりに

『夏麺』、いかがでしたか？
冷たい麺はしっかりとキンキンに冷やして
ツルツルと軽快に、
時には熱々の汁でかき込んで
たっぷり汗をかいて……。
その日の気分によって麺の種類を使い分けて、
レシピに縛られず、
自由に楽しんでいただけたらと思います。
この本が、暑い夏を毎日元気で乗り切るための
一助となれると嬉しいです。

重信初江（しげのぶ・はつえ）

服部栄養専門学校調理師科を卒業後、織田調理師専門学校で助手として勤務。その後、料理研究家のアシスタントを経て独立。定番のおかずから旅先で出会った世界各地の料理まで、簡単なのに本格的なレシピの数々が多くの支持を得ている。雑誌やテレビ、イベントなどで幅広く活躍中。『冬つまみ 寒い季節をおいしく過ごす酒の肴一二〇』（池田書店）、『これがほんとの作りおきのきほん』（成美堂出版）、『食べたい作りたい現地味 もっと!おうち韓食』（主婦の友社）ほか、著書多数。
Instagram　@shige82a

撮影	加瀬健太郎
スタイリング	久保百合子
デザイン	吉池康二（アトズ）
編集	伊藤彩野、谷口知歌子（MOSH books）
校正	ぷれす

さっと!つるっと!
夏麺

著　者	重信初江
発行者	池田士文
印刷所	日経印刷株式会社
製本所	日経印刷株式会社
発行所	株式会社池田書店
	〒162-0851
	東京都新宿区弁天町43番地
	電話 03-3267-6821（代）
	FAX 03-3235-6672

落丁・乱丁はお取り替えいたします。
©Shigenobu Hatsue 2023, Printed in Japan
ISBN 978-4-262-13084-2

[本書内容に関するお問い合わせ]
書名、該当ページを明記の上、郵送、FAX、または当社ホームページお問い合わせフォームからお送りください。なお回答にはお時間がかかる場合がございます。電話によるお問い合わせはお受けしておりません。また本書内容以外のご質問などにもお答えできませんので、あらかじめご了承ください。本書のご感想についても、当社HPフォームよりお寄せください。
[お問い合わせ・ご感想フォーム]
当社ホームページから
https://www.ikedashoten.co.jp/

24014506